AF248288

AUX
 ÉLECTEURS FRANÇAIS

QUI SONT ENCORE CATHOLIQUES

A QUI DEVONS-NOUS LE GRAND BIENFAIT
DE L'INSTRUCTION ?
QUE PRODUIT L'ENSEIGNEMENT LAIQUE,
GRATUIT ET OBLIGATOIRE ?
NOTRE DEVOIR, COMME ÉLECTEUR, AU SUJET
DE LA LOI SCOLAIRE.

PAR

UN AMI DU PEUPLE

SAINT-AMAND (CHER)
STÉ ANONYME DE L'IMPRIMERIE SAINT-JOSEPH
89, Rue du Pont-du-Cher, 89

1894

AUX ÉLECTEURS FRANÇAIS

QUI SONT ENCORE CATHOLIQUES

AUX
ÉLECTEURS FRANÇAIS
QUI SONT ENCORE CATHOLIQUES

A QUI DEVONS-NOUS LE GRAND BIENFAIT
DE L'INSTRUCTION ?
QUE PRODUIT L'ENSEIGNEMENT LAIQUE,
GRATUIT ET OBLIGATOIRE ?
NOTRE DEVOIR, COMME ÉLECTEUR, AU SUJET
DE LA LOI SCOLAIRE.

PAR

UN AMI DU PEUPLE

SAINT-AMAND (Cher)

Société anonyme de l'imprimerie Saint-Joseph

89, Rue du Pont-du-Cher, 89

—

1894

AVANT-PROPOS

Les francs-maçons trompent le peuple.

Dans leurs journaux qu'ils font pénétrer partout, ils accumulent mensonges sur mensonges afin d'égarer les masses.

Leur but prédominant, c'est de travestir le rôle de l'Eglise et du clergé catholiques dans les siècles passés. Ils falsifient l'histoire pour mieux réaliser leur dessein.

A les entendre, la religion chrétienne, cette véritable mère des sociétés civilisées, n'a jamais rien fait pour nous tirer de la barbarie et de l'ignorance.

A les entendre, les évêques et les prêtres sont les pires ennemis du peuple.

Que de préjugés, que d'erreurs, que de calomnies les francs-maçons ont semés parmi nous avec une opiniâtreté persévérante et diabolique.

A nous, catholiques, de faire éclater au grand jour le flambeau de la vérité. Le salut social en dépend.

Ce qui nous perd en France, principalement, c'est l'indifférence que trop de braves gens témoignent en face du mal qui s'accomplit.

Or il faut agir ; le temps presse.

Parlons et écrivons pour détruire l'un après l'autre tous les mensonges que nous connaissons.

Démasquons les projets hypocrites des loges maçonniques et combattons-les sans relâche.

Elles rêvent d'anéantir l'influence du prêtre : montrons au contraire que le prêtre seul tient en ses mains le remède à la crise que nous traversons.

Sans lui, jamais les politiques, les économistes et les hommes d'Etat ne pourront guérir la société malade.

C'est le clergé catholique Allemand qui sauve l'Allemagne ; c'est le clergé catholique Français qui sauvera la France.

Ah ! si nous avions seulement une centaine d'ecclésiastiques dans nos deux Chambres, notre chère nation aurait vite repris le premier rang dans le monde.

Voilà ce qu'il faut dire, écrire et faire comprendre au peuple.

J'ose élever mon humble voix pour établir en quelques pages rapides que l'Eglise a véritablement créé l'enseignement populaire et que les francs-maçons commettent une injustice, quand ils revendiquent cet honneur. Des faits tirés de l'histoire, des chiffres, des documents irréfutables, des aveux échappés à nos ennemis, tels seront les arguments que je veux employer. Que Dieu daigne bénir mon travail !

AUX ÉLECTEURS FRANÇAIS

QUI SONT ENCORE CATHOLIQUES

CHAPITRE PREMIER

Comment l'Eglise catholique a créé l'Instruction populaire

Mon but, en écrivant ces quelques pages, est de réfuter par le témoignage de l'histoire, un mensonge que l'on a souvent renouvelé, durant notre siècle, à l'adresse de la religion catholique.

Ses adversaires lui reprochent, en effet, d'avoir toujours tenu volontairement le peuple dans les ténèbres de l'ignorance et de n'avoir jamais rien fait pour l'en tirer.

Suivant eux, l'Eglise agissait ainsi pour dominer plus aisément sur les masses et pour empêcher leur émancipation ; suivant eux, c'est de 1789 que date le bienfait de l'enseignement.

Or, je dis, au contraire, que l'instruction populaire n'a cessé de préoccuper le Christianisme, depuis que le Fils de Dieu eut envoyé ses apôtres à travers e monde en leur disant. Allez et enseignez toutes es nations. — Et que le Christianisme seul l'a o ndée.

Avant N.-S. J.-C., l'ignorance était le partage du plus grand nombre. Quelques philosophes orgueilleux et superbes étaient seuls possesseurs de la science. Ils n'en transmettaient les secrets qu'à de rares initiés, mystérieusement cachés dans leurs écoles et leurs académies.

Malheur à celui qui naissait pauvre : le soleil de la vérité n'éclairait jamais son esprit et n'échauffait jamais son cœur.

Les trois quarts de l'humanité gisaient plongés dans cette nuit intellectuelle qui, suivant les principes alors admis, devait se prolonger indéfiniment.

Mais parut enfin la religion chrétienne ; celle-ci, docile à la mission de son divin fondateur N.-S. J -C. qui s'écriait. Laissez venir à moi les petits enfants et qui se disait envoyé spécialement pour évangéliser les humbles de ce monde, ne cessa de faire descendre, autant que possible, jusque dans les dernières couches de la société, la grande et bienfaisante influence de l'instruction.

Voilà quelle fut sa pensée principale dès le début, et c'était une chose tellement nouvelle que les libres-penseurs des premiers siècles, la reprochaient à l'Eglise catholique comme une honte.

« Quand on cherche votre chaire, disait le philosophe Celse, aux chrétiens de son temps, on est toujours sûr de la trouver au milieu d'une troupe de cordonniers, de cardeurs de laine et de foulons. »

Ne croirait-on pas entendre Voltaire lorsqu'il raille les Frères du Bienheureux de la Salle qui se sont mis en tête d'instruire « cette canaille de paysans à qui il ne faut, comme au bœuf, qu'un aiguillon, un joug et du foin. »

Mais revenons : pendant les invasions barbares, c'est l'Eglise qui se fit la seule institutrice du peuple et qui garda le dépôt sacré de la science.

Primitivement, dit un historien (1) les évêques instruisaient leurs clercs et vivaient avec eux ; mais les écoles étant devenues plus considérables, lorsque les fidèles furent plus nombreux, ils chargèrent un ou plusieurs prêtres de donner l'instruction dans les villes de leur résidence. Ainsi se fondèrent naturellement les écoles dites *épiscopales*. Etablies au commencement du Ve siècle, elles avaient, au commencement du VIe, leur organisation définitive.

En outre, il y avait dans presque tous les diocèses un certain nombre d'écoles dites *Archipresbytérales* fondées dans les localités importantes ou l'évêque plaçait un ecclésiastique chargé de la surveillance des clercs, pour un rayon déterminé et auquel on donnait le titre d'archiprêtre. On y enseignait ce qu'on appelait alors les sept arts libéraux, c'est-à-dire la grammaire, la rhétorique, la logique, l'arithmétique, la géométrie, la musique et l'astronomie.

Les écoles archipresbytérales les plus célèbres furent au IVe siècle, celle de Mosonnage, aujourd'hui Mouzon, au diocèse de Reims, et au VIIe siècle, celle d'Issoire en Auvergne.

On établit dans le même temps des écoles ecclésiastiques primaires qu'on appelait *paroissiales*. Il en existait dès le Ve siècle en Italie. Les jeunes enfants y apprenaient à lire et à chanter, puis ils

(1) Rivaud : *Hist. eccl.*

allaient ensuite achever leurs études dans les écoles supérieures.

Par la suprême initiative des papes, un grand nombre de conciles, soit universels soit provinciaux, obligèrent fréquemment les curés à créer dans chaque paroisse des écoles primaires, pour y élever les enfants pauvres et leur donner les connaissances indispensables.

A défaut de maîtres laïques, c'était donc les clercs, les prêtres et les religieux qui s'employaient à cette œuvre capitale.

Il le fallait bien, puisque la science et la culture intellectuelle étaient alors absolument dédaignées par les barbares et par leurs chefs qui ne pensaient qu'à se battre et à guerroyer les uns avec les autres, pour se disputer quelque parcelle de territoire.

Mais peu à peu, surtout depuis l'avènement de la dynastie capétienne, on remarque plus de goût pour l'instruction. L'étude des lettres et de la philosophie se réveille dans le silence et la tranquillité des cloîtres ; les religieux qui suivaient la règle de saint Benoit commencent à rendre à la science, ces longs et durables services qui leur valent encore la reconnaissance publique.

Les rois de France, encouragés et stimulés par les Souverains Pontifes, donnent l'exemple et favorisent le progrès intellectuel.

— Pendant les dix premiers siècles, dit M. Littré, le catholicisme a été le promoteur le plus efficace du développement de l'esprit humain.

— On a cru longtemps, observe de son côté un des historiens les plus compétents (1), que le moyen

(1) M. Guizot.

âge n'avait connu rien qui ressemblât à ce que nous appelons l'instruction primaire. C'est une erreur. Il est fait à chaque instant mention d'écoles rurales, dans les documents où l'on s'attendait le moins à rencontrer des renseignements de ce genre.

L'espace nous manque pour citer les noms des prêtres, des religieux et des évêques, qui à cette époque de troubles, contribuèrent à étendre le domaine de la science et de la vérité.

Nommons Lanfranc, saint Anselme, saint Bernard, Abeilard, Suger, Pierre Lombard, etc.

Rappelons aussi les abbayes célèbres du Bec, de Jumièges et de Fontenelle qui produisirent tant de théologiens.

Du nord au midi, le sol de la France en particulier était constellé de monastères qui servaient de foyers à la science.

Le douzième siècle ne resta pas en arrière : il vit briller saint Dominique dans la chaire ; saint Thomas d'Aquin et saint Bonaventure dans la science chrétienne ; Albert le Grand, Roger Bacon et Scott dans les connaissances profanes ; Pierre Fontaine dans la jurisprudence ; le sire de Joinville dans l'histoire.

Au treizième et au quatorzième siècles, grâce à l'impulsion des papes, la plupart des villages, disent les auteurs même les moins favorables au catholicisme, avaient des maîtres ecclésiastiques enseignant aux enfants la lecture, l'écriture et un peu de calcul.

C'est à cette époque, c'est pendant les années les plus agitées du XIVe siècle qu'on commença à rechercher les secrets de la nature et qu'un pauvre moine Anglais, Roger Bacon, présagea la puissance encore inconnue de la poudre à canon et de la vapeur.

C'est dans ce même temps que parurent *l'Imitation de J.-C.* le plus beau livre qui soit sorti de la main des hommes, puisque l'Evangile n'en est pas, et l'admirable *Poème* du Dante, ce chant le plus harmonieux qui, depuis Virgile, ait retenti sous le beau ciel de l'Italie.

Si l'on réfléchit que l'usage du papier n'était point encore connu, car il ne fut découvert que vers la fin du xive siècle, qu'on écrivait alors sur l'écorce du papyrus ou sur le parchemin, que par conséquent les livres étaient rares et chers, que l'imprimerie n'existant pas, on copiait à la main les ouvrages précieux, on comprendra tout ce que les maîtres dont nous avons parlé durent faire pour instruire et cultiver la jeunesse. C'est à eux, c'est à ces religieux, à ces prêtres, à ces moines, à ces évêques, véritablement admirables, que l'on doit aussi la transcription et la conservation des œuvres littéraires, philosophiques ou religieuses des maîtres de l'antiquité classique et des Pères de l'Eglise.

La musique, la peinture et surtout l'architecture, ces arts auxquels nous devons tant de chefs-d'œuvre, étaient connus au moyen âge. Le chant grégorien a pris naissance vers le déclin du vie siècle et c'est un moine Guy d'Arezzo, qui créa la gamme dont on se sert encore, moins le *si* qui ne fut ajouté qu'au xviie siècle. L'orgue, la guitare, le cor, le flageolet, la flute, le tambour, tous ces instruments que les âges postérieurs ont perfectionnés sans doute, furent inventés dès le septième ou huitième siècle.

La peinture à l'encaustique, sur bois ou sur toiles, les fresques et les mosaïques dont les murs des églises et des palais étaient couverts, principalement en Italie, sont dus à d'illustres artistes de cette époque et c'est en vain que ceux de nos jours s'épuisent à les imiter.

Dans le même temps s'élevèrent encore ces magnifiques cathédrales qui, tant qu'elles resteront debout, ne cesseront d'étonner les générations et les peuples.

Il fallait des siècles entiers pour les construire, dit un historien (1), et les siècles eux-mêmes n'auraient pas suffi, si les populations catholiques ne s'étaient souvent imposé des dîmes volontaires. Le riche fournissait l'or, le pauvre contribuait plus souvent encore de son denier, car la maison de Dieu était surtout celle du pauvre. Les communes et les provinces rivalisaient d'ardeur et de zèle ; des confréries pieuses, dont les membres, bien qu'appartenant à toutes les conditions sociales, ouvriers maçons ou tailleurs de pierre, se mettaient laborieusement à l'œuvre : le clergé fournissait les plans et dirigeait la pensée.

Ainsi furent bâtis ces basiliques inimitables de Reims, de Chartres, d'Amiens, de Cologne, de Rouen, de Paris et tant d'autres qu'il serait trop long d'énumérer.

Mais je le répète, cet essor prodigieux des sciences et des arts, était dû tout entier, quoiqu'on en dise, à l'Eglise catholique. Le nier, c'est nier une vérité claire comme le jour.

Grâce aux recommandations sans cesse renouvelées par les Souverains Pontifes, toutes les paroisses, au commencement du XVe siècle, possédaient

_____

(1) Gabourd : *Histoire de France.*

une école où les enfants recevaient une instruction en rapport avec leurs besoins et leurs aptitudes, sans qu'il en coûtât un centime à personne.

La Renaissance fut nuisible à l'œuvre de la culture populaire. Les savants qui se formèrent à cette époque dédaignèrent la multitude et ne firent absolument rien pour la tirer de l'ignorance.

Quant aux protestants, ils brûlèrent en Allemagne et en France, les écoles aussi bien que les églises.

Heureusement, les Pères du Concile de Trente prescrivirent à l'entrée de ces temps orageux et funestes, qu'il devait y avoir dans chaque village, un ou plusieurs maîtres, chargés d'enseigner, sans aucune rétribution, la grammaire, non seulement aux jeunes clercs mais à tous les pauvres écoliers.

A la suite de cet ordre, saint Camille de Lellis et saint Jérôme Emilien se consacrèrent en Italie à l'éducation des enfants abandonnés, après eux saint Joseph Calasanz fut sur le point de réaliser à Rome, la grande œuvre que le Bienheureux de la Salle devait bientôt fonder chez-nous pour la France et pour le monde.

Mais nul pays ne comprit mieux que le nôtre et n'exécuta plus fidèlement les ordonnances du Concile de Trente.

Quand on parcourt les actes de nos Conciles provinciaux et de nos synodes diocésains, remarque justement un orateur chrétien (1), on est tenté de croire que la grande question de l'instruction des masses est l'unique affaire, tant les évêques et les prêtres français y reviennent avec une insistance infatigable. Ils s'adressent à toutes les bonnes

____

(1) M. l'abbé Mouchard : *Panégyrique du B. de la Salle.*

volontés, ils stimulent tous les dévouements : des programmes sont élaborés, des règlements sont rédigés ; les principes de la vraie pédagogie chrétienne sont formulés : c'est une croisade universelle contre l'ignorance et les vices dont elle est la mère.

Tant d'efforts aboutirent aux plus magnifiques résultats si l'on considère que la charité française répara presque partout les ruines amoncelées par le protestantisme, et qu'au siècle de Bossuet comme au siècle de saint Thomas, à côté des nombreuses universités et des nombreux collèges fondés par l'Eglise, les petites écoles assurent encore aux enfants du peuple, le bienfait de l'éducation chrétienne.

Mais il faut l'avouer, rien n'est fait tant qu'on n'aura pas pourvu au recrutement et à la formation des maîtres.

C'est la grande lacune que combla un prêtre français le Bienheureux de la Salle dont nous avons déjà prononcé le nom. Les programmes, les méthodes et la congrégation d'instituteurs qu'il a créés resteront comme un impérissable monument. Pour former l'enfance, les Frères des écoles chrétiennes défient toute rivalité.

Voilà ce que l'Eglise a fait durant le cours des âges, au seuil des temps modernes et jusqu'à la fin du siècle dernier.

Et pourtant, si l'on croyait les partisans du régime scolaire actuel, le bienfait de l'instruction du peuple ne daterait que de la Révolution. Avant 1789, à les entendre, tous nos ancêtres n'étaient que des ignorants : or, c'est le contraire qui est vrai. Les recherches les plus sérieuses ont établi, qu'avant cette, époque, les écoles publiques étaient aussi nombreuses, aussi florissantes, sinon plus, qu'elles ne le sont aujourd'hui. M. le docteur Maggiolo, dans sa statistique des mariages, a prouvé, d'après les actes publics, que vers 1786 il y avait 82 pour cent des époux sachant écrire et signer leur nom et 66 pour cent des épouses. Est-on bien sûr que la proportion serait la même à présent?

La *Revue catholique de Normandie* a publié naguère, sur le sujet qui nous occupe, les travaux de M. Lavieille de Saint-Lô et ceux de M. Paul de Longuemare. Or ils donnent, rien que pour cette province, la plus éloquente des statistiques.

Dans les 177 paroisses qui formaient en 1764 le diocèse d'Avranches, il y avait 201 écoles, c'est-à-dire plus d'une par paroisse. On peut contrôler ces chiffres à la bibliothèque nationale.

Si l'on pouvait faire partout les mêmes recherches, si on se donnait la peine de fouiller avec soin les archives de nos villes, on trouverait des faits semblables à relever dans toutes nos provinces.

Et disons bien haut que ces écoles multiples ne coûtaient pas un centime au gouvernement ni aux contribuables. L'Eglise seule les soutenait avec ses fondations charitables et les savants dévoués qui les dirigeaient.

Or le budget de l'instruction qui, en 1872, montait à 16 millions, s'élève actuellement à 179 millions et il contribue pour sa bonne part à mener la France à la banqueroute.

En regard de ce qu'a fait l'Eglise pour la culture morale et intellectuelle des foules déshéritées, étudions maintenant ce que la Révolution a voulu produire dans le même but.

CHAPITRE II

Comment la Révolution a désorganisé l'instruction

Je ne crains pas d'affirmer, et j'en fournirai la preuve, que la Révolution a complètement désorganisé l'instruction primaire. Il n'y a que dans l'enseignement supérieur qu'elle accomplit quelques progrès en fondant trois établissements utiles, à savoir : le Collège de France, le Bureau des Longitudes et l'Ecole des langues orientales.

Pour l'enseignement secondaire, les 108 collèges de plein exercice et les 454 institutions plus ou moins florissantes qui existaient avant 1789 furent remplacées par une centaine d'écoles, appelées centrales, dont les deux tiers au moins restèrent vides d'élèves.

Enfin les écoles primaires qui, d'après nos précédents calculs, étaient en progrès constant depuis le XVIe siècle, si bien qu'on en comptait à peu près une par paroisse sur la fin du XVIIIe, tombèrent dans une décadence inouïe. Un très grand nombre furent fermées, celles qui subsistent reçurent peu d'élèves et leur donnèrent un mauvais enseignement, privé d'instruction religieuse comme aujourd'hui. C'en est assez pour conclure que l'œuvre scolaire de la Révolution n'aboutit qu'à une lamentable faillite. Si nos pères ou nos grands-pères ne savaient pas lire ou signer leur nom, dit M. l'abbé Garnier, c'est que depuis 1789 et pendant 30 ans après, il n'y eut pour ainsi parler, aucun moyen d'instruction populaire.

Et maintenant, voulez-vous savoir ce que produisit l'école sans Dieu inventée par les francs-maçons du XVIIIe siècle ? Ecoutez le fameux Portalis, rapportant les vœux exprimés dans les assemblées départementales *sur ce qui se passe depuis 10 ans sous leur yeux*. Ces vœux sont tirés des procès-verbaux des conseils généraux. — Il est temps, dit le ministre, que les théories se taisent devant les faits. Point d'instruction sans éducation et point d'éducation sans morale et sans religion.

Les instituteurs enseignent dans le désert parce qu'on a proclamé imprudemment qu'il ne fallait jamais parler de religion et de catéchisme dans les écoles.

L'instruction est nulle depuis 10 ans : il faut prendre Dieu pour base de la formation des enfants.

Les enfants sont livrés à l'oisiveté la plus dangereuse, au vagabondage le plus alarmant surtout dans les villes.

Ils sont sans idée religieuse, sans notion du juste et de l'injuste. De là, des mœurs farouches et barbares; de là, des crimes très nombreux commis par des mineurs.

Si l'on compare ce qu'est l'instruction avec ce qu'elle devait être, on ne peut s'empêcher de gémir sur le sort qui menace les générations futures.

Ainsi, conclut Portalis, toute la France appelle la religion au secours de la morale et de la société.

Ces paroles d'un juriconsulte éminent, qui résumait l'œuvre scolaire de la Révolution et qui établit ensuite l'instruction religieuse dans les écoles, auraient dû servir de réflexion au franc-maçon Ferry lorsqu'il fit voter la loi scélérate de 1882 qui chassait Dieu des écoles.

Car d'après les organes mêmes de la libre-pensée, l'enseignement neutre, tel qu'on le donne depuis vingt ans a produit les plus fâcheux résultats et contribué pour une bonne part à la crise morale que nous traversons.

Au lieu de reprocher à l'Eglise d'avoir entretenu à dessein l'ignorance du peuple, les juifs et les francs-maçons qui nous imposèrent l'enseignement neutre auraient bien fait de méditer aussi les propres aveux de M. Taine sur l'instruction publique avant et après la période révolutionnaire. « Jusqu'en 1789, les écoles ne coûtaient rien au trésor, presque rien au contribuable, très peu aux parents. En beaucoup d'endroits, des congrégations, entretenues par leurs propres biens, fournissaient les maîtres ou maîtresses, Frères de la doctrine chrétienne, Frères de Saint-Antoine, Ursulines, Visitandines, Filles de la Charité, sœurs de Saint-Charles, etc.

Ailleurs le curé était tenu, par le statut de sa Cure, d'enseigner lui-même ou de faire enseigner par son vicaire. Un très grand nombre de fabriques ou de communes, avaient reçu des legs pour l'entretien de leur école : souvent l'instituteur jouissait, par fondation, d'une métairie ou d'une pièce de terre ; ordinairement, il était logé ; de plus s'il était laïque, il était exempt des plus lourds impôts ; en qualité de sacristain, bedeau, chantre ou sonneur de cloches, il avait quelques petits profits ; enfin chaque enfant lui payait 4 ou 5 sous par mois. L'enseignement

secondaire était plus favorisé encore : 103 établissements le donnaient au complet et plus de 450 le
donnaient en partie. M. Albert Duruy l'a prouvé
péremptoirement et sans réplique ; M. Silvy dans
son *Livre sur les collèges en France avant la Révolution* a été plus loin. « On ne peut évaluer, dit-il,
à moins de 900, le chiffre des écoles secondaires
sous l'ancien régime ; j'en ai déjà constaté 800, je
dois ajouter que mon enquête n'est point encore
terminée et que je trouve chaque jour de nouveaux
établissements. »

Ces établissements étaient défrayés par des fondations et ne coûtaient rien à l'Etat. Sur les 72,000
élèves du royaume, on en comptait 40,000 pour qui
l'instruction secondaire était gratuite ou demi-gra-
tuite, aujourd'hui sur 79,000 c'est moins de 5,000.

La Révolution ruina toutes ces écoles : les maîtres furent destitués, bannis, les propriétés confis-
quées, vendues, anéanties.

Plus maltraité que l'assistance publique, dont
nous parlerons dans une autre brochure, l'enseignement public n'a recouvré aucun débris de sa
dotation. Partant, dans les derniers temps du Direc-
toire et même dans les premiers temps du Consulat,
l'enseignement était presque nul en France. Au lieu
de 72,000 élèves, l'enseignement secondaire n'avait
plus en 1800 que 8000 élèves. Pour l'enseignement
primaire, les quelques écoles ouvertes par la Révolution restèrent aux trois-quarts vides. Les parents
voulaient que leurs enfants apprennent à lire dans
le catéchisme et non dans la *Déclaration des droits
de l'homme* ; selon eux, le vieux manuel formait des
adolescents policés, des fils respectueux ; le nouveau
ne fait que des polissons insolents, des chenapans

précoces et débraillés. Ils aimaient donc mieux pour leurs fils, l'ignorance pleine que l'instruction malsaine.

Enfin, M. Taine conclut avec une éloquence terrible en son style imagé : « Une manufacture séculaire, construite et approvisionnée par vingt générations de bienfaiteurs, donnait gratis ou bien au dessous du cours actuel, le premier pain de l'intelligence à plus de 1,200,000 enfants. On l'a démolie ; à sa place quelques fabriques, improvisées et misérables, distribuent, çà et là, une mince ration de pain indigeste et moisi.

Là dessus, un long et profond murmure, quelque temps étouffé, va s'enflant, celui des parents dont les enfants sont condamnés au jeûne ; à tout le moins, ils demandent qu'on ne contraigne plus leurs fils et leurs filles, sous peine d'abstinence, à consommer les farines estampillées par l'Etat, c'est-à-dire une pâtée nauséabonde, insuffisante, mal pétrie et mal cuite qui, expérience faite, révolte le goût et gâte l'estomac. »

Il fallait être M. Taine, libre-penseur, académicien, indépendant, pour oser dire des vérités aussi crues et aussi désagréables à la Révolution. Or, les mêmes causes produisant toujours les mêmes effets, nos jacobins modernes, en décrétant l'instruction laïque et obligatoire, nous ont causé de grands maux.

CHAPITRE III

Comment l'enseignement laïque,
produit les mêmes résultats

Premièrement, il a porté un grave préjudice aux mœurs et les statistiques officielles prouvent avec l'évidence des chiffres que la criminalité plus hâtive, plus savante, plus perfectionnée, plus réfléchie ne fait que s'accroitre avec une vitesse effrayante.

Les tableaux dressés périodiquement par le ministère de la justice, dit Mgr Perraud, attestent une augmentation considérable du nombre des crimes et de la part de beaucoup de leurs auteurs, un prodigieux raffinement de perversité et de cruauté.

Pendant la seule année 1886 on a compté jusqu'à 23,000 enfants ou mineurs traduits devant les tribunaux. Ainsi le mal gagne, non seulement en étendue et en profondeur, mais il devient plus précoce.

L'éducation première soustraite à toute influence religieuse porte ses fruits. Une dépravation favorisée par toutes sortes de provocations impunies, mine rapidement les assises de la moralité publique et semble la menacer d'une ruine inévitable et prochaine. Quelques esprits chagrins ou pessimistes disent même que c'en est fait de notre pauvre France et que c'est peine perdue de travailler à son relèvement. Non ; Dieu nous prépare des jours meilleurs, mais à la condition de rendre à l'Eglise catholique l'influence qu'on ne cesse de lui ravir et de chasser au plus vite les francs-maçons qui nous oppriment.

Consultons encore un autre chapitre des statistiques officielles qui fortifiera tristement, hélas ! notre jugement sur les fruits pernicieux de l'école neutre. C'est le chapitre des suicides qui, de son côté, montre que le nombre des enfants et des jeunes gens de moins de 20 ans qui en viennent à se donner volontairement la mort, s'accroît aussi d'une manière inquiétante.

Voici les chiffres : il est inutile de recourir à de longs développements, pour en faire mieux ressortir les douloureux enseignements.

Dans le cours des années 1875, 1876 et 1877, période pendant laquelle l'instruction religieuse était encore donnée aux élèves des écoles publiques, il y a eu 141 suicides d'enfants de moins de 16 ans, soit une moyenne de 47 par an.

Dans le cours des années, 1885, 1886 et 1887, période où ont commencé à apparaître les premiers résultats de la loi scélérate du 28 mars 1882, sur l'instruction neutre et obligatoire, le nombre des suicides d'enfants du même âge s'est élevé à 200, soit une moyenne de 66.66.

Mais en prenant le détail de ces chiffres, âge par âge, on arrive à dresser un tableau véritablement effrayant.

	1875-76-77	1885-86-87
Enfants de moins de 13 ans	33	34
— de 13 à 14 ans	20	33
— de 14 à 15 ans	31	52
— de 15 à 16 ans	57	81
Totaux	141	200

Ajoutons que le chiffre des suicides de jeunes filles de moins de 16 ans, est le même pour les deux périodes, 53 ; mais que des jeunes garçons du même âge s'est élevé de 88 à 147.

Quel lamentable enseignement ! Combien faut-il que l'esprit et le cœur de ces pauvres enfants soient ravagés et désolés pour les voir, en nombre si rapidement croissant, se réfugier dans la mort, à l'âge où l'on commence à peine à connaître la vie et où elle apparaît d'ordinaire, pleine de fleurs et d'espérances.

Mais si nous passons aux suicides de jeunes gens de 16 à 21 ans, les documents de la statistique prennent un caractère encore plus affreux. Ces suicides se sont élevés, au total, à 566, en 1875, 1876 et 1877, soit une moyenne annuelle de 188.66 et en 1885, 1886 et 1887, ils ont été de 1018, ce qui porte la moyenne annuelle à 339.33. Pendant que le nombre total des suicides d'individus des deux sexes et de tout âge s'est augmenté de 41.24 pour cent, de 1875 à 1887, celui des suicides de mineurs de 16 à 21 ans s'est accru de 72.27 pour cent.

Nous livrons ces chiffres à nos lecteurs qui feront d'eux-mêmes les réflexions que suggèrent de si douloureuses constatations et qui, pas plus que nous, ne pourront s'empêcher de penser que l'instruction sans Dieu, en enlevant toute foi, tout espérance et tout enthousiasme à la jeunesse, la condamne, sans défense, à toutes les influences délétères.

Aussi ne soyons pas étonnés que les rapports présentés par beaucoup de préfets aux conseils généraux, sur la situation de l'enseignement primaire, constatent que le recrutement des écoles s'opère de plus en plus difficilement, en dépit de la pression officielle, parce que les élèves y sont dans un état d'infériorité regrettable, sur ceux des écoles congréganistes.

Les parents qui sont les meilleurs juges, voient bien en effet que les religieux et les religieuses donnent une éducation préférable, une instruction plus solide et même que leur succès, dans les concours publics, malgré la partialité des examinateurs, sont plus nombreux que ceux des maîtres laïques. Dès lors, tous ceux qui le peuvent sans avoir à craindre ni représailles, ni menaces, ni vexations quelconques, envoient leurs enfants chez les bons Frères et chez les bonnes Sœurs, quand ils ont, du reste, une école congréganiste à leur proximité.

Nous allons en fournir la preuve par le tableau de la situation de l'enseignement primaire en France d'après la statistique du ministère, dressée et publiée chaque année depuis 1889 par l'administration.

Voici ce que nous trouvons dans le fascicule s'appliquant à l'exercice 1889-90.

La population scolaire se répartit de la façon suivante, dans les écoles publiques et privées, pour les cinq dernières années :

Ecoles publiques	Population scolaire
1886-87.	4.505.109

1887-88.	.	.	.	.	4.492.894
1888-89.	.	.	.	.	4.446.851
1889-90.	.	.	.	.	4.405.543

Il résulte de ce tableau que l'enseignement public a perdu environ 100.000 enfants dans un espace de quatre ans. Voici maintenant que le tableau de la population scolaire pour les écoles privées nous montre, au contraire, pendant le même temps, une augmentation de 100.000 élèves.

Ecoles privées					Population scolaire
1886-87.	.	.	.	.	1.091.810
1887-88.	.	.	.	.	1.123.616
1888-89.	.	.	.	.	1.176.550
1889-90.	.	.	.	.	1.196.024

Et quand on songe que ces écoles privées sont entretenues seulement par la charité des familles catholiques, pauvres et riches qui soutiennent en même temps une foule d'autres œuvres et qui préalablement paient une large part d'impôts pour les écoles sans Dieu dont elles ne veulent pas, on ne peut se défendre d'un vif sentiment d'orgueil et d'admiration.

Si dans chaque commune, dit à ce propos un orateur chrétien, les pères et mères étaient librement consultés ils demanderaient à une immense majorité, le maintien de l'instruction religieuse et de la prière à l'école.

La réponse serait la même dans la France toute entière. Aussi bien, s'est-on gardé soigneusement de tenter cette grande consultation nationale. Le verdict populaire eut été écrasant pour ces prétendues réformes, uniquement destinées dans la pensée de leurs auteurs, juifs et francs-maçons, à ruiner la foi dans les âmes.

L'enseignement laïque et obligatoire produit un troisième résultat non moins fâcheux.

— L'instruction de plus en plus développée, disait dernièrement le préfet de la Seine, dans un discours officiel à l'Hôtel de Ville, tend au déclassement des individus.

Le fils plus instruit dédaigne souvent la profession paternelle, et le père, en faisant instruire son fils, se propose de lui procurer une situation supérieure à celle qu'il a lui-même occupée.

Il en résulte plus d'aptitudes et de capacités que la France n'en peut utiliser. Je suis au premier plan pour le voir. Il y a à la porte de l'Hôtel de Ville, 4.000 jeunes gens qui font la queue depuis plusieurs années.

Leur nombre ira en croissant, il en est de même ailleurs.

Cette longue attente qui n'est qu'une longue déception ne va pas sans mécontentement. Ces déclassés constituent un danger perpétuel : ménageons-leur donc un emploi de leurs facultés. C'est dans notre Afrique française, dans ces colonies nouvellement conquises ou agrandies que nous devrions les envoyer. »

Oui, Monsieur le préfet, mais vous ne pensez pas que cette émigration sans cesse croissante des habitants de la campagne vers les centres populeux a pour triste conséquence d'arracher de bonne heure, le paysan à son village et de priver l'agriculture, cette mère nourricière, des bras dont elle a besoin. Car la dépopulation de plus en plus nombreuse des campagnes est l'un des plus grands fléaux de la société et l'une des premières causes de cette crise agricole que nous traversons.

Enfin, comme dernier résultat de la loi scélérate sur l'enseignement, disons qu'elle a semé dans notre pays et parmi les enfants de cette belle nation, qui se nomme la France, des germes de haine et de division. C'est du reste ce que rêvaient les francs maçons et les juifs dont nous subissons le joug. A la faveur de nos luttes intestines qu'ils s'étudient à multiplier par toutes sortes de moyens, ils s'emparent insensiblement des forces vives de notre chère patrie et font leurs propres affaires au détriment visible du bien-être général.

Oui, la loi scolaire, en blessant dans leur conscience intime l'immense majorité des pères et des mères de famille, accentue profondément le désaccord entre les citoyens. C'est du reste le but principal que poursuit la franc-maçonnerie : suivant un mot tristement célèbre, elle veut diviser notre pays pour le déchristianiser plus à son aise et y régner ensuite sans obstacle.

Aussi bien les athées et les sectaires à qui l'on doit l'instruction laïque se proposent de continuer la réalisation de leur programme tel qu'il a été arrêté dans les loges de Paris en novembre 1877, parce qu'il favorise admirablement leurs desseins.

Le voici :

1º « Une fois le système de l'enseignement neutre et obligatoire établi et fonctionnant, on laïcisera les écoles communales, au besoin, graduellement;

2º « Une fois toutes les écoles communales laïcisées, on supprimera, par des mesures successives et progressives, les écoles congréganistes libres;

3° « Une fois la dernière école libre fermée, on matérialisera l'instruction dans les écoles de l'Etat restées seules. »

Il n'y a pas d'illusion possible, par des mesures opportunes et ménagées, la franc-maçonnerie nous mène droit à l'apostasie nationale.

A nous catholiques, de soutenir plus énergiquement que jamais la lutte engagée contre l'athéisme dans l'arène scolaire.

CHAPITRE IV

Programme de nos réclamations

Demandons, comme le dit M. Gabriel Martin, dans une brochure écrite sur ce gros sujet, demandons d'abord le rétablissement de l'enseignement religieux, parce que sans religion il n'y a pas de morale et que la société ne peut vivre sans morale ; ensuite parce que priver le travailleur de la consolation de la religion et de la paix qui l'accompagne, c'est lui ravir son meilleur bien ; enfin parce que le pays témoigne qu'il veut de l'enseignement religieux, attendu qu'au prix de sacrifices parfois héroïques, il envoie ses enfants chez les Frères et chez les Sœurs : dans un pays de suffrage universel, on doit tenir compte des vœux de la majorité, surtout quand cette majorité se compose de trente-huit millions d'hommes confessant un Dieu, contre 22,000 athées juifs ou francs-maçons et encore !...

Demandons en second lieu qu'on arrête la laïcisation, qu'on ouvre de nouveau les portes des écoles publiques aux maîtres et aux maîtresses qu'on en a chassés, sans rien leur reprocher autre chose que l'habit qu'ils portent. Cette mesure s'impose pour trois raisons:

La première, c'est que l'impôt étant payé par tous pour avoir des avantages communs, il est souverai-

nement inique de condamner une masse immense
de contribuables à payer deux fois, une fois pour
l'école qui leur est plus qu'inutile, une autre fois
pour l'école à qui ils veulent confier leurs enfants,
usant en cela d'un droit naturel garanti par la
constitution.

La seconde raison, c'est que l'Etat a montré
d'une façon irréfutable son impuissance à assurer
par ses seuls maîtres, le bienfait de l'instruction à
tous les enfants du peuple : il est donc nécessaire
de recourir au dévouement des maîtres éprouvés et
économiques, ce qui ne gâte rien.

La troisième raison, c'est qu'il est inadmissible
qu'un siècle après la proclamation de l'accessibilité
de tous à tous les emplois publics des citoyens français pourvus des grades exigés par la loi, soient
arbitrairement exclus de l'enseignement public.

Enfin, il faut demander la restitution aux communes des droits qui leur ont toujours appartenu en
matière d'enseignement primaire.

Les communes dont le budget est alimenté par
l'argent de tous les contribuables doivent être auto-
risées à subventionner les écoles qui obtiennent la
préférence des pères de famille ; c'est une mesure
de pure justice qui profiterait en même temps aux
progrès de l'instruction. Il importe que les parents
soumis à l'obligation de faire donner l'enseignement
à leurs enfants, aient la faculté de le faire donner
par des maîtres de leur choix.

Pour nous consoler, voyons les sacrifices que la
charité catholique a faits et fait encore pour l'œuvre
primordiale de l'enseignement chrétien. Nous allons
donner quelques chiffres tirés d'un rapport officiel
sur les laïcisations publiées en 1890.

Les Congréganistes chassés de 5.210 écoles ont pu en fonder 3.790 avec la générosité privée.

Les 500 écoles d'où on les a bannis avaient 550.926 élèves et les 3000 qu'ils ont rouvertes en contiennent 413.960.

Pour les asiles, les établissements de l'Etat ont perdu 5894 enfants et les congréganistes en ont gagné 112 230.

Depuis ces chiffres ont changé à l'avantage des religieux et des religieuses, mais au détriment de *la laïque*.

Enfin, avant de terminer, je dois signaler et flétrir énergiquement l'odieuse hypocrisie ou plutôt l'injustice dont le gouvernement fait preuve dans l'application de la loi « scélérate. »

Comme toujours, c'est le peuple qui est blessé dans ses convictions et dans ses droits.

En effet, tandis que l'enfant du riche a le bonheur de recevoir l'enseignement religieux, dans les collèges et les lycées de l'Etat où l'on n'ose pas le supprimer, afin de ne pas déplaire aux familles, l'enfant du pauvre, l'enfant de l'ouvrier, lui, en est légalement privé parce que ses parents n'ont pas les ressources nécessaires pour le faire instruire dans une école où l'on apprend le catéchisme.

Est-ce juste ? Ah ! combien les Francs-maçons méprisent le peuple ! Comme ils se moquent de lui ! Comme ils dédaignent ses droits les plus légitimes !

Pourquoi l'enfant du pauvre est-il moins digne que celui du riche de l'instruction chrétienne ? Pourquoi le soustraire systématiquement à l'influence de la religion, qui seule peut le consoler dans ses tristesses et dans ses durs labeurs ? C'est une injustice et une inégalité que l'on ne saurait trop condamner.

Résumons le travail qui précède : à l'Eglise revient l'honneur d'avoir créé, développé, organisé durant les siècles chrétiens et parmi les nations qu'elle a pénétrées de sa bienfaisante influence, l'enseignement à tous les degrés, mais principalement, l'enseignement primaire. Nous en avons fourni la preuve, en citant l'histoire, telle qu'elle est écrite par tous les savants honnêtes, catholiques ou non catholiques.

Quand les révolutionnaires eurent fait à la fin du siècle dernier la cruelle expérience de l'école athée, ce fut à l'Eglise qu'on s'adressa de nouveau pour relever les ruines de l'impiété.

Aujourd'hui les francs-maçons qui tiennent la France entre leurs mains ont prétendu qu'ils réussiraient mieux que leurs devanciers en imposant l'école neutre aux enfants du peuple : ils aboutissent au même résultat. Les pères de familles ont eu vite compris que, sans religion, l'éducation supprimait toute notion de discipline, de devoirs et de moralité, qu'au lieu d'être, comme le fait ressortir Albert Duruy, l'auxiliaire et le prolongement de la famille, elle en est l'ennemi le plus dangereux. Cette préférence des parents, le vœu du pays, la révolte de la conscience populaire contre les lois d'exception qui frappent l'enseignement libre, nos adversaires n'ignorent rien de tout cela. Malgré leurs efforts, ils ne parviendront pas à cacher la vérité.

Je dis, malgré leurs efforts, car au début de la laïcisation, M. Jules Ferry annonça qu'il fallait éclairer l'opinion publique, sur la situation de l'instruction primaire. En conséquence, le ministre entreprit la publication annuelle des extraits *des Rapports d'inspection générale*, puis celle du *Résumé des états de situation de l'enseignement primaire*. Il faut croire que l'obligation d'instruire le public a pesé pendant peu de temps sur la conscience ministérielle.: au bout de deux ans, la publication des rapports des inspecteurs a été interrompue, et depuis celui de 1886, il n'a pas été publié de résumé des états de situation.

De même M. Lockroy, en prescrivant l'enquête sur les laïcisations, promettait solennellement que les résultats seraient publiés sans délai: rien n'a paru. C'est ainsi que les francs maçons nous renseignent : c'est ainsi qu'ils se rappellent et qu'ils tiennent leurs engagements, quand ces engagements les compromettent.

« A-t-on consulté le pays sur l'enseignement neutre ? Jamais et on a bien fait, écrivait cyniquement un des principaux journaux du parti, la *Justice*, le pays mal éclairé aurait peut-être répondu : non. »

Aujourd'hui, comme on l'a vu dans les statistiques officielles que nous avons données, le pays fort bien éclairé a répondu. La lumière se fait peu à peu, elle éclate de toutes parts.

Ce qu'on lit dans les journaux les plus opposés à nos idées, ce que l'on entend répéter partout autour de soi, les aveux échappés à nos ennemis, la triste expérience que chacun a pu faire, tout cela se résume assez bien dans cette phrase d'une institutrice : « L'école sans Dieu végète, avec la liberté, elle ne serait plus. »

Qu'on se le dise !

APPENDICE

L'école sans Dieu atteint plus directement les *enfants pauvres*, c'est-à-dire des êtres doublement sacrés en raison même de leur faiblesse et de leur pauvreté. La conférence suivante mettra cette remarque en pleine évidence et ne manifestera pas moins l'ignoble et satanique hypocrisie des francs-maçons.

Il y avait naguère grand meeting dans la ville de Reims sur la question des écoles neutres, c'est-à-dire sans Dieu. Un nombreux auditoire s'était rendu à la réunion qui devait être contradictoire.

On commence. Ecoutons.

L'ORATEUR. — Oui, Messieurs, il faut que le prêtre reste dans la sacristie, il faut qu'à l'école toutes les convictions soient respectées...

A ce moment, un brave homme se lève en un coin de la salle et simplement :

— Vous dites qu'à l'école on ne doit pas enseigner la religion, n'est-il pas vrai ?

L'ORATEUR. — Vous avez bien saisi ma pensée.

L'INTERRUPTEUR. — Mais dans quelle école faut-il garder cette neutralité ?

L'ORATEUR (*avec feu*). — Mais dans toutes les

écoles! Partout l'enfance est sacrée! Nulle part il ne faut étouffer en elle les germes civiques qui doivent éclore au grand soleil de la Liberté!!!

L'interrupteur. — Je crois que vous vous emballez. Avouez, en effet, que l'enfance n'est pas moins sacrée au lycée qu'à l'école primaire : or pourquoi enseigne-t-on la religion au lycée?

Pourquoi y a-t-il au lycée un aumônier rétribué par l'Etat?

Pourquoi traitez-vous différemment les enfants des riches et les enfants des pauvres?

L'orateur. — Mais c'est dans l'intérêt de l'Etat. Vous n'ignorez pas que les élèves du Lycée paient, n'est-il pas vrai? S'ils paient et si leurs parents demandent pour eux l'enseignement religieux, il faut bien passer par là, autrement autant d'élèves perdus et vous savez, les bahuts se vident diablement.

L'interrupteur. — Je commence à comprendre. Mais enfin j'ai des fils aussi, moi, je ne suis pas assez riche pour les mettre au lycée. Si je désire que l'on enseigne le catéchisme à mes enfants, je n'aurai donc qu'à le demander à l'instituteur, et il s'en chargera?

L'orateur. — Alors, ce ne serait plus la neutralité. Non, nous ne voulons plus de catéchisme dans les écoles.

L'interrupteur. — C'est probablement au nom de l'égalité que vous accordez au riche ce que vous refusez aux pauvres.

L'orateur. — Dans l'école, il n'y a ni riches ni pauvres ; mais je crois que... que...

L'interrupteur. — Monsieur, vous êtes un farceur. (*Murmures dans l'auditoire*).

L'orateur. — Je proteste...

L'interrupteur. — Moi aussi... Comment ! je quitte ma maison pour aller au travail le matin de bonne heure et je ne rentre que bien tard dans la soirée. Je n'ai pas le temps d'enseigner moi-même le catéchisme à mes enfants, je ne le sais plus bien d'ailleurs. Et parce que je suis trop pauvre pour payer des pensions pour les petits au lycée, il faudra qu'ils poussent sans entendre parler du bon Dieu, sauf votre respect, comme mes lapins !... Allez, avec votre école sans Dieu, c'est encore le peuple qui *paie la casse !* Et vous vous dites les amis du peuple ! Mais, je vous le jure, mes enfants n'apprendront pas à lire ni à écrire plutôt que de mettre jamais les pieds dans vos *boîtes* à petits *sans Dieu*.

A ce vigoureux langage, l'orateur ne put rien répondre. — « C'est égal, disait en sortant le brave interrupteur, je lui ai joliment *cloué le bec*. Il ne pourra jamais prouver que ces fameuses libertés dont on nous parle tant sont des libertés pour le peuple. Nous payons des impôts aussi, nous autres, pour tout ce que nous possédons et nous sommes prêts à verser notre sang en cas de guerre beaucoup mieux que tous ces blagueurs ! Et parce que nous sommes des *ouvriers*, parce que nous sommes des *pauvres*, ces beaux Messieurs nous traitent en *parias !* J'en connais parmi eux, et j'en pourrais nommer, qui mettent leurs filles chez les *Sœurs ;* j'en connais qui mettent leurs garçons chez les

Frères. Et nous, malheur ! ils condamnent nos enfants à *l'école sans Dieu !...* misérables !... »

Impossibilité de l'Ecole neutre

— Dans une société chrétienne, dit avec raison M. le duc de Broglie, il n'est pas possible de ne pas rencontrer le Christianisme partout devant soi. Il est partout sur notre chemin. Il est dans l'histoire, il est dans les mœurs, il est dans les lois, il luit comme le soleil, vous ne pouvez pas ne pas le voir. Il est impossible, le rencontrant partout, de passer devant lui sans le saluer ou sans le braver. Or, le saluer ou le braver, c'est violer la neutralité. »

— Un maître, disait un ministre belge, M. Deschamps, a une opinion, des convictions, une intelligence, et une âme, et plus son intelligence est active et son âme expansive, plus il les répandra, chaque jour, à toute heure, sur les enfants de son école. Comment fera-t-il pour ne pas se laisser pénétrer par ses élèves, pour que sa parole ne reflète rien de ses idées, pour que son regard n'ait aucune expression et son enseignement aucune couleur, aucune portée, aucun sens ? Ce maître neutre et mécanique serait ou hypocrite ou idiot et ressemblerait fort au joueur de flûte de Vaucanson. »

— Le maître ne sera pas neutre, disait en plein Sénat, M. Jules Simon, le maître ne sera pas neutre : il voudra l'être, je le suppose, je l'en défie. Car on enseigne de bien des façons. On enseigne par le geste, on enseigne par la physionomie, on enseigne par toutes les doctrines qu'on émet ; on enseigne par des exemples d'écritures, par les livres qu'on met dans les mains des élèves. Mais je vais plus loin, je dis que je ne veux pas de l'instituteur neutre ; je n'en veux pas parce que je ne l'estime pas. La neutralité en matière d'opinions est bien ce qu'il y a de plus déshonorant. Je demande ce qu'il est ce maître. A-t-il une opinion ou n'en a-t-il pas ! S'il en a une, il la cache ! voilà le modèle que vous donnerez à vos enfants. S'il n'en a pas, je vous demande ce qu'est un homme qui veut enseigner, faire des hommes et qui n'a pas une croyance.... Je répète qu'il n'y a pas d'école véritablement neutre et que s'il y en avait il faudrait en rougir. »

Instruction de l'Eglise touchant l'école neutre

« 1° Avant toute détermination, les parents doivent s'assurer que l'école n'est pas positivement mauvaise (autrement elle serait absolument défendue) et qu'elle ne sera pas pour leurs enfants un danger prochain et inévitable de perversion ;

2° Ils doivent, en dehors des heures de classe, donner ou faire donner à leurs enfants une instruction religieuse, d'autant plus solide et d'autant plus complète qu'elle doit suppléer au silence du maître et mettre ces pauvres enfants en état de réagir par de fortes convictions contre l'influence du milieu où ils sont condamnés à vivre :

3° La vigilance des parents ne doit jamais s'endormir ; il faut que par eux-mêmes ou par des personnes dignes de leur confiance, ils s'enquièrent de ce qui est enseigné à leurs enfants, examinent les livres mis entre leurs mains, surveillent leurs rela-

tions et n'hésitent pas à les séparer de tout con-
disciple qui serait un danger pour leur foi ou leur
vertu (1). »

D'après les principes de la morale catholique,
disent les instructions adressées de Rome aux
évêques d'Amérique, il est manifeste qu'un prêtre
ne peut absoudre au tribunal de la Pénitence, à
moins qu'ils ne promettent sérieusement de se
corriger :

1º Les parents qui négligent l'instruction et l'éducation chrétienne de leurs enfants ;

2º Les parents qui laissent leurs enfants fréquen-
ter des écoles où la perte de leur âme peut être
considérée comme inévitable ;

3º Enfin les parents qui, ayant à leur disposition
une école catholique ou qui pouvant faire donner
ailleurs une éducation chrétienne à leurs enfants,
les envoient aux écoles neutres sans raison suffi-
sante et sans prendre les précautions nécessaires
pour rendre le danger de perversion de *prochain*
éloigné.

Gravité de la question scolaire

Il ne faut pas se le dissimuler, la question scolaire
est pour le catholicisme une question de vie ou de
mort. De la lutte engagée, à cette heure, sur le
terrain de l'éducation populaire, dépend l'avenir religieux de notre pays. C'est par l'introduction du
paganisme dans l'enseignement, qu'une secte juive
amena l'apostasie d'une partie de la nation et pré-

(1) Congreg : *Universalis Inquisitionis, die 30 Junii 1865.*

para la persécution d'Antiochus-Epiphane ; c'est de nos jours, par le même procédé, que la franc-maçonnerie travaille à déchristianier le France.

Un des agents les plus actifs de la secte, celui qui a le plus contribué à *la loi scélérate*, le F∴ Macé, a laissé échapper cet aveu significatif :

« Qui tient les écoles tient la France. »

On le voit, par des mesures successives et progressives, les loges nous mènent droit à l'apostasie nationale. Et pour préparer ce résultat, il n'y a pas de moyen plus sûr que l'école prétendue neutre. En voulez-vous la preuve, écoutez ce blasphémateur du Christ, mort naguère, et qui fut dans la manifestation romaine en faveur de Gordiano Bruno, le représentant officiel de la franc-maçonnerie française :

« Si Marc-Aurèle, disait M. Renan, au lieu d'employer les lions et la chaise rougie eut employé l'Ecole primaire et un enseignement d'Etat rationaliste, il eut bien mieux prévenu la séduction du monde par le surnaturel chrétien.... Cela n'enleva probablement pas un seul disciple à Jésus. Le sol n'avait pas été préparé par un bon ministre de l'instruction publique. »

Electeurs français et catholiques, notre devoir est donc de réclamer l'enseignement chrétien, parce que la religion est pour nous le premier des biens. Nous l'aimons et nous la voulons : elle est notre amie, notre mère et dans les tristesses de la vie, notre force, notre consolation, notre espérance. Ne permettons pas qu'on cherche à l'enlever à nos enfants et n'accordons jamais notre vote aux partisans de l'école *sans Dieu*. Vous faut-il un dernier témoignage pour vous convaincre ? Le voici.

Il est toujours pénible d'aller chercher à l'étranger la condamnation de ce qui se fait chez nous ; mais enfin, il est difficile de ne pas remarquer dans un discours que Guillaume II prononçait naguère, cette parole élevée : « Je veillerai à ce que le sentiment religieux et l'étincelle de l'esprit chrétien soient entretenus et développés à l'école et je considérerai cela comme mon devoir le plus sacré ! »

Non, ce ne sont pas le nombre et la splendeur de nos palais scolaires qui feront une France forte et solide, si l'on en bannit l'image de Celui qui attire le cœur de l'enfant et qui met dans son âme les vrais principes.

Non, la nation ne sera grande ni par ses innombrables soldats, ni par son or, ni par ses villes élégamment construites : la conscience une fois morte quel triste peuple pourrait surgir ! peuple d'agioteurs et de jouisseurs ! *factio lascaventium.*

Or, il n'y a qu'une bonne éducation religieuse et morale qui maintiendra la France au premier rang qu'elle a toujours occupé dans le monde.

Il est temps de le comprendre.

<hr>

St-Amand (Cher). — Soc. anon. de l'Impr. Saint-Joseph

9 782012 482234